Friedrich Wilhelm Marpurg

Die Kunst das Clavier zu spielen

Zweiter Theil, worinnen die Lehre vom Accompagnement abgehandelt wird.

Friedrich Wilhelm Marpurg

Die Kunst das Clavier zu spielen
Zweiter Theil, worinnen die Lehre vom Accompagnement abgehandelt wird.

ISBN/EAN: 9783743637955

Hergestellt in Europa, USA, Kanada, Australien, Japan

Cover: Foto ©Thomas Meinert / pixelio.de

Weitere Bücher finden Sie auf **www.hansebooks.com**

Die Kunst das Clavier zu spielen.

Zweyter Theil,
worinnen die Lehre vom Accompagnement abgehandelt wird.

Von dem Verfasser des kritischen Musicus an der Spree.

Berlin,
bey Haude und Spener,

Vorbericht.

Ich bin von verschiedenen Oertern her ersuchet worden, die Kunst das Clavier zu spielen, mit einem zweyten Theile zu vermehren, und darinnen die Lehre vom Accompagnement, so kurz und deutlich als möglich, abzuhandeln. Ich habe dem Antrag meiner Freunde Gehör gegeben, und wünsche, daß meine Arbeit ihres Beyfalls nicht unwürdig seyn möge. Der Augenschein giebt es, daß ich bey selbiger den Anfänger des Accompagnements zum Hauptaugenmerke gehabt habe. Er wird alles zu dieser Kunst gehörige nöthige, ohne die geringste Weitläuftigkeit, darinnen vorgetragen finden, und kann sich sogar, ohne Beyhülfe eines mündlichen Unterrichts, dieses Werkchens bedienen. Ich wünsche ihm Zeit und Lust zu seinem Unternehmen, und empfehle meine Bemühungen dem fernern geneigten Wohlwollen des Publici. Berlin, den 24. März, 1761.

Inhalt.

Inhalt.

Vorbereitung §. 1 — 4.

Erstes Hauptstück.

Istes Capitel. Von den Intervallen im Accompagnement, §. 5 — 19.
IItes Capitel. Von den Accorden im Accompagnement, §. 20 — 36.
  Erster Absatz. Vom Dreyklang, §. 21 — 24.
  Zweyter Absatz. Von den Septimenaccorden, §. 25 — 28.
  Dritter Absatz. Von den Nonenaccorden, §. 29 — 31.
  Vierter Absatz. Von den Undecimenaccorden, §. 32 — 34.
  Fünfter Absatz. Vom Terzdecimenaccord, §. 35 — 37.
IIItes Capitel. Von der Fortschreitung der Consonanzen. §. 38 — 39.
IVtes Capitel. Von der Fortschreitung der Dissonanzen. §. 40 — 45.
Vtes Capitel. Zur Uebung des grossen Dreyklangs, und der davon abstammenden Sätze. §. 46 — 50.
VItes Capitel. Zur Uebung des kleinen harmonischen Dreyklangs, und der davon abstammenden Sätze. §. 51 — 53.
VIItes Capitel. Zur Uebung in vermischten Dreyklängen. §. 53.
VIIItes Capitel. Zur Uebung in vermischten Dreyklängen, Sexten- und Sextquartenaccorden. §. 53.
IXtes Capitel. Zur Uebung des Septimenaccords, und der davon abstammenden Sätze. §. 54.
Xtes Capitel. Zur Uebung des Nonenaccords. §. 55.
XItes Capitel. Zur Uebung des Undecimenaccords. §. 56.
XIItes Capitel. Zur Uebung des Terzdecimenaccords. §. 57.
XIIItes Capitel. Zur Uebung in allerhand Arten von Accorden. §. 58.

Zweytes Hauptstück.

Ites Capitel. Von der Bezifferung der Accorde. §. 1 — 18.
IItes Capitel. Welches allerhand vermischte Anmerkungen enthält. §. 19 — 37.
IIItes Capitel. Von der Aufhaltung der Auflösung, und der Versetzung der Harmonie vor der Auflösung. §. 38 — 39.
IVtes Capitel. Von dem unvorbereiteten Anschlage der Dissonanzen in der freyen Schreibart. §. 39 — 42.
Vtes Capitel. Vom Sitze gewisser Accorde. §. 43 — 48.
VItes Capitel. Von der Ausweichung aus einem Ton in den andern, oder der Modulation. §. 49 — 55.
VIItes Capitel. Vom getheilten Accompagnement. §. 57 — 60.

Vorbereitung.

§. 1.

In einer jeden musikalischen Composition, sie sey von welcher Art sie wolle, liegt eine einzige gewisse Reihe von Accorden zum Grunde. Wenn diese Reihe von Accorden aus dem musikalischen Aufsatze ausgezogen, und über der tiefsten oder der Baßstimme des Aufsatzes, durch Ziffern und einige andere Characters angezeiget wird: so entsteht daher der sogenannte Generalbaß, dessen practische Ausübung insgemein Accompagnement genennet wird, und welches Accompagnement nicht allein auf allen Clavierinstrumenten, z. E. auf der Orgel, und dem Flügel, sondern auch auf jedem andern tiefern Instrumente, worauf man vielstimmig spielen kann, z. E. auf der Harfe und Theorbe, ꝛc. möglich ist.

§. 2.

Kein Schüler der Tonkunst kann zur Erlernung des Accompagnements gelassen werden, der sich nicht genugsame Zeit vorher auf demjenigen Instrumente, worauf er accompagniren lernen will, in Handstü-

Vorbereitung.

—en geübet hat. Er muß der wahren Application in beyden Händen mächtig seyn; er muß eine vorgegebene Baßstimme richtig und fertig, und nach dem Tact abspielen können; und die Lehre von den beyden Tonarten, und der zwölffachen Versetzung einer jeden, und der dazu gehörigen Vorzeichnung muß ihm gehörig bekannt seyn. Man findet von allem diesen hinlängliche Nachricht in meiner Anleitung zum Clavierspielen ꝛc. wohin ich den Leser verweise.

§. 3.

Das Clavieraccompagnement wird in das gemeine, getheilte und vermischte Accompagnement unterschieden. In dem gemeinen schlägt die linke Hand nichts mehr, als die einfache Baßnoten an, und überläßet der Rechten die dazu gehörigen Stimmen zu greifen. In dem getheilten nimmt insgemein eine Hand so viele Stimmen, als die andere. Diese Art zu accompagniren ist, bey Abspielung eines Generalbasses, nicht mit gleicher Bequemlichkeit in allen Fällen zu gebrauchen. Aus der Vermischung des gemeinen und getheilten Accompagnements entsteht das vermischte Accompagnement. Jeder Schüler des Generalbasses muß mit dem gemeinen Accompagnement den Anfang machen.

§. 4.

Jedes Accompagnement hat es entweder mit bloßen Hauptnoten, oder mit vermischten Haupt- und Nebennoten zu thun. Alle Uebungsexempel müßen im Anfang dergestalt eingerichtet werden, daß so viele Noten, so viele Griffe darinnen vorkommen, und alle durchgehende und Wechselnoten wegbleiben.

Erstes Hauptstück.
Erstes Capitel.
Von den Intervallen im Accompagnement.

§. 5.

Der Raum oder Unterscheid von einem Ton zum andern, z. E. von c zu cis, von c zu d, u. s. w. heißt ein Intervall.

I. Hauptstück. Erstes Capitel.

§. 6.
Das allerkleinste Intervall heißt ein halber Ton, z. E. von c zu cis, oder von g zu as.

§. 7.
Der halbe Ton ist entweder groß oder klein;

groß, wenn er auf zweyerley Stuffen entsteht, das ist, von einer Linie zum Spatio, oder von einem Spatio zur Linie, z. E. e f, h c, und so weiter.

klein, wenn er auf eben derselben Stuffe entsteht, das ist, auf eben demselben Spatio, oder eben derselben Linie, z. E. g gis, c cis, u. s. w.

Man kann diesen Unterscheid so fort aus den Nahmen der beyden Töne, die den halben Ton formiren, beurtheilen. Zum Exempel aus d entstehet dis, und aus e hingegen es, wie aus dem ersten Theile dieses Werks bekannt ist. Wenn nun die, der Benennung nach verwandten, nächsten Töne einen kleinen halben Ton formiren: so ist leicht zu sehen, daß d und dis einen kleinen halben Ton machen; aber nicht d und es, ohngeachtet dis und es auf einerley Tasten gegriffen werden; und eben so ist es mit andern Intervallen dieser Art bewandt. Ein Anfänger braucht sich nicht in eine tiefere Untersuchung dieser Materie einzulassen.

§. 8.
Zween halbe Töne, nemlich ein großer und kleiner, machen einen ganzen Ton aus. So ist z. E. von c zu d ein ganzer Ton; und die beyden halben Töne sind der kleine halbe Ton c cis, und der große cis d; oder der große c des, und der kleine des d.

§. 9.
Wir wißen schon aus meiner Anleitung zum Clavierspielen, daß

1) Wenn eine Note oder ein Ton mit einem andern Ton aus eben derselben Stuffe verglichen wird, solches ein Einklang, oder besser eine Prime heißt, z. E. c c.

2) Daß ein Intervall von zwo Stuffen eine Secunde genennet wird, z. E. c d.

I. Hauptstück. Erstes Capitel.

3) Daß ein Intervall von drey Stuffen eine Terz heißet, zum Exempel c e.
4) Daß ein Intervall von vier Stuffen eine Quarte genennet wird, z. E. c f.
5) Daß ein Intervall von fünf Stuffen eine Quinte heißt, zum Exempel c g.
6) Daß ein Intervall von sechs Stuffen eine Sexte heißt, zum Exempel c a.
7) Daß ein Intervall von sieben Stuffen eine Septime heißt, z. E. c h.
8) Daß ein Intervall von acht Stuffen eine Octave heißt, zum Exempel C c.

§. 10.

Man merke anitzo, daß alle nur mögliche Intervallen in dem Raum oder Bezirk einer Octave enthalten sind, und daß alle Töne, die diesen Bezirk überschreiten, nichts als um eine, zwo oder mehrere Octaven erhöhte Intervalle sind. So macht zum Exempel das d aus der kleinen Octave gegen das große C eine um eine Octave erhöhte Secunde; das e aus der kleinen Octave gegen das große C eine um eine Octave erhöhte Terz, und so weiter. So macht ferner das d aus der eingestrichenen Octave gegen das große C eine um zwo Octaven erhöhte Secunde; und das eingestrichne e gegen das große C eine um zwo Octaven erhöhte Terz, und so weiter. Indeßen ist gleichwohl in Ansehung der Secunde, Quarte und Sexte eine Ausnahme zu beobachten, indem selbige in gewißen Fällen, die an ihrem Orte vorkommen werden, die Benennung einer None, Undecime und Terzdecime erhalten, und alsdenn von der eigentlichen Secunde, Quarte und Sexte unterschieden werden müßen.

§. 11.

Daß die Intervallen alle steigend, von dem tiefern Ton zum höhern, das ist, von der linken Hand gegen die rechte abgezählet werden, wofern man sich nicht ausdrücklich über das Gegentheil erkläret, ist jedem vom Anfange des Clavierspielens bekannt. So muß, z. E. auf die Frage: welches die Terz von c ist? geantwortet werden, daß

I. Hauptſtück. Erſtes Capitel.

es *e* iſt; nicht aber *a*; ausgenommen wenn man fragt, welches die abſteigende Terz von *c* iſt; und ſo in ähnlichen Fällen.

§. 12.

Um die größern Intervallen mit leichter Mühe finden zu lernen, muß man ſich mit der Umkehrung der Intervallen bekannt machen. Vermittelſt dieſer Umkehrung, die man ſich aus folgender Zahlentabelle deutlich machen kann:

1	2	3	4	5	6	7	8
8	7	6	5	4	3	2	1

wird die Prime zur Octave, die Secunde zur Septime, die Terz zur Sexte, die Quarte zur Quinte, die Quinte zur Quarte, die Sexte zur Terz, die Septime zur Secunde, und die Octave zur Prime. Zum Exempel die Töne *c d* machen eine Secunde; hingegen *d c* eine Septime. Die Töne *c e* machen eine Terz; hingegen *e c* eine Sexte, und ſo weiter. Wenn man alſo die Septime von *c* ſucht, ſo darf man ſich nur die abſteigende Secunde *h* vorſtellen, und dieſes *h* hernach eine Octave höher nehmen. Will man die Sexte von *c* haben: ſo ſtelle man die abſteigende Terz *a* eine Octave höher, ſo hat man die Sexte, u. ſ. w.

§. 13.

Wir haben die Intervallen überhaupt kennen gelernet. Wir müßen ſie itzo beſonders unterſuchen, und merken, wie ein jedes Intervall eingetheilt wird. Man ſehe folgende Tabelle:

(I) Die **Prime** wird eingetheilt

1) in die **vollkommne**, ſchlechtweg **Einklang**, wenn die beyden gegen einander verglichnen Töne von gleicher Höhe oder Tiefe ſind, z. E. *c c*.

2) in die **übermäßige**, wenn die beyden Töne einen kleinen halben Ton gegen einander machen, z. E. *c cis*.

(II) Die Secunde wird eingetheilt

1) in die kleine, wenn die beyden Töne einen großen halben Ton betragen, z. E. cis d.

2) in die große, wenn die beyden Töne einen ganzen Ton machen, z. E. c d.

3) in die übermäßige, wenn der Raum einen ganzen Ton, und einen kleinen halben Ton beträgt, z. E. c dis. Die Töne c d machen den ganzen, und d dis den kleinen halben Ton.

(III) Die Terz wird eingetheilt

1) in die verminderte, wenn der Raum zween große halbe Töne beträgt, z. E. cis es.

2) in die kleine, wenn der Raum einen ganzen Ton, und einen großen halben beträgt, z. E. c es.

3) in die große, wenn der Raum zween ganze Töne enthält, z. E. c e.

4) in die übermäßige, wenn der Raum zween ganze Töne, und einen kleinen halben Ton enthält, z. E. b dis.

(IV) Die Quarte wird eingetheilt

1) in die verminderte, wenn ein ganzer, und zween große halbe Töne zusammengesetzt werden, z. E. cis f.

2) in die vollkommne, wenn das Intervall zween ganze, und einen großen halben Ton beträgt, z. E. c f.

3) in die übermäßige, wenn das Intervall drey ganze Töne enthält, z. E. c fis.

(V) Die

I. Hauptstück. Erstes Capitel.

(V) Die Quinte wird eingetheilt

1) in die verminderte, wenn zween ganze, und zween große halbe Töne zusammengesetzt werden, z. E. h f.

2) in die vollkommne, wenn der Raum drey ganze, und einen großen halben Ton enthält, z. E. c g.

3) in die übermäßige, wenn der Raum vier ganze Töne enthält, z. E. c gis.

(VI) Die Sexte wird eingetheilt

1) in die verminderte, welche zween ganze, und drey große halbe Töne enthält, z. E. dis b.

2) in die kleine, welche drey ganze und zween große halbe Töne enthält, z. E. h g.

3) in die große, welche vier ganze und einen großen halben Ton enthält, z. E. b g.

4) in die übermäßige, welche fünf ganze Töne enthält, z. E. L gis.

(VII) Die Septime wird eingetheilt

1) in die verminderte, wenn der Raum drey ganze Töne, und drey große halbe beträgt, z. E. cis b.

2) in die kleine, wenn der Raum vier ganze, und zween große halbe Töne beträgt, z. E. c b.

3) in die große, wenn der Raum fünf ganze, und einen großen halben Ton beträgt, als c h.

(VIII) Die Octave wird eingetheilt

1) in die verminderte, wenn das Intervall vier ganze, und drey große halbe Töne enthält, z. E. Cis c.

I. Hauptſtück. Erſtes Capitel.

2) in die vollkommne, wenn das Intervall fünf ganze und zween große halbe Töne enthält, z. E. C c.

§. 14.

Alle dieſe verſchiedne Arten von Intervallen muß ſich ein Schüler des Accompagnements nach und nach bekannt machen; erſtlich die vollkommne Octaven, vollkommne Quinten und vollkommne Quarten; ferner die große und kleine Terzen, und deren Repliken, die kleine und große Sexten; hernach die falſche Quinten, und übermäßige Quarten; ingleichen die kleine und große Septimen, und deren Repliken, die große und kleine Secunden; und endlich den Reſt; nicht alles auf einmahl, welches Verwirrung anrichten würde.

§. 15.

Jedes Intervall beruhigt entweder das Gehör völlig, oder nicht. Ein Intervall, welches das Gehör völlig beruhigt, heißt ein conſonirendes Intervall, oder eine Conſonanz; und ein Intervall, welches das Gemüth in eine Art von Unruh zu verſetzen fähig iſt, aus welcher es ſich zu befreyen wünſchet, heißt ein dißonirendes Intervall, oder eine Dißonanz.

§. 16.

Conſonanzen ſind
1) die vollkommne Prime, oder der Einklang.
2) die vollkommne Octave.
3) die vollkommne Quinte.
4) die große Terz.
5) die kleine Terz.
6) die kleine Sexte.
7) die große Sexte.

§. 17.

Dißonanzen ſind
1) die übermäßige Prime.
2) die kleine Secunde.

I. Hauptstück. Erstes Capitel.

3) Die große Secunde.
4) Die übermäßige Secunde.
5) Die verminderte Terz.
6) Die übermäßige Terz.
7) Die verminderte Quarte.
8) Die vollkommne Quarte, wenn sie gegen den Baß steht; gewiße Fälle ausgenommen, die bald werden angezeigt werden.
9) Die übermäßige Quarte.
10) Die verminderte Quinte.
11) Die übermäßige Quinte.
12) Die verminderte Sexte.
13) Die übermäßige Sexte.
14) Die verminderte Septime.
15) Die kleine Septime.
16) Die große Septime.
17) Die verminderte Octave.

§. 18.

Die Consonanzen werden in vollkommne und unvollkommne unterschieden. Die vollkommnen sind die Octave und Quinte; die unvollkommnen, die beyden Terzen und Sexten. Dieser Unterscheid ist von Wichtigkeit, wie man in der Folge sehen wird.

§. 19.

Wenn zween Töne übereinander gesetzet werden, so entsteht ein harmonisches Intervall; und wenn zwey und mehrere Intervallen übereinander gesetzet werden: so entstehet ein Accord. Eine Reihe von Accorden heißt eine Harmonie, so wie eine Reihe von einfachen Tönen, die hinter einander folgen, Melodie genennet wird.

Zweytes Capitel.
Von den Accorden im Accompagnement.

§. 20.

Es giebt fünferley Hauptarten von Accorden, als
1) Dreyklänge; 2) Septimenaccorde; 3) Nonenaccorde; 4) Undecimenaccorde, und 5) Terzdecimenaccorde.

Erster Absatz.
Vom Dreyklang.

§. 21.

Der Dreyklang besteht aus der Terz und Quinte, wozu man die Octave thut, um ihn vierstimmig zu machen, z. E. c e g, und mit der Octave c e g c.

§. 22.

Derselbe ist viererley, als
1) groß oder hart, z. E. c e g.
2) klein oder weich, z. E. a c e.
3) klein und vermindert, als h d f. (Insgemein weicher verminderter Dreyklang.)
4) groß und übermäßig, als c e gis. (Insgemein harter übermäßiger Dreyklang.)

§. 23.

Jeder Dreyklang ist einer zweyfachen Umkehrung fähig.

Die erste Umkehrung, vermittelst welcher die Terz des Dreyklangs in den Baß gestellt wird, giebet einen aus der Terz und Sexte bestehenden Sextenaccord. So wird z. E. der Accord c e g c, wenn die Terz e in den Baß gestellt wird, zum Sextensatze e g c e.

Die zweyte Umkehrung, vermittelst welcher die Quinte des Dreyklangs in den Baß gestellet wird, giebet einen aus der Quarte und Sexte bestehenden Sextquartenaccord. So wird

I. Hauptstück. Zweytes Capitel.

wird z. E. der Accord c e g c, wenn die Quinte g in den
Baß gestellt wird, zum Sextquartensatze g c e g. Die Quarte allhier ist eine Dissonanz.

§. 24.

Von den viererley bemerkten Dreyklängen sind zween consonirend,
nemlich der harte c e g und der weiche a c e; und zween dissonirend,
nemlich der welche verminderte, h d f; und der harte übermäßige, z. E.
c e gis.

Zweyter Absatz.
Von den Septimenaccorden.

§. 25.

Der Septimenaccord entsteht aus dem Dreyklange, wenn demselben eine Septime hinzugefüget wird; und derselbe bestehe also aus
der Terz, Quinte und Septime, z. E. c e g b.

§. 26.

Wenn die Septime in einem Septimenaccorde groß ist: so heißt
selbiger ein großer Septimenaccord, z. E. c e g h. Wenn die Septime darinnen klein ist, so heißt er ein kleiner Septimenaccord, z. E.
d f a c, oder g h d f. Wenn die Septime vermindert ist: so heißt er
ein verminderter Septimenaccord, z. E. gis h d f.

§. 27.

Jeder Septimenaccord ist einer dreyfachen Umkehrung fähig.

Die erste Umkehrung, vermittelst welcher die Terz des Septimenaccords in den Baß gestellt wird, giebet einen aus der
Terz, Quinte und Sexte bestehenden Sextquintenaccord.
So wird z. E. der Accord g h d f. wenn die Terz h in den
Baß gestellt wird, zum Sextquintensatze h d f g.

Die zweyte Umkehrung, vermittelst welcher die Quinte des
Septimenaccords in den Baß gestellt wird, giebt einen aus
der Terz, Quarte und Sexte bestehenden Terzquartenaccord. So wird z. E. der Accord g h d f. wenn die Quinte
d in den Baß gestellt wird, zum Terzquartensatze d f g h. Hier
wird die Quarte als eine Consonanz betrachtet.

Die

Die dritte Umkehrung, vermittelst welcher der Septimensatz auf den Kopf gestellt wird, giebt einen aus der Secunde, Quarte und Sexte bestehenden Secundenaccord, z. E. f g h d, aus g h d f. Hier wird die Quarte als eine Consonanz betrachtet.

§. 28.

Alle Septimensätze und ihre Umkehrungen sind dissonirende Sätze.

Dritter Absatz.
Von den Nonenaccorden.

§. 29.

Der Nonenaccord entsteht, wenn einem Septimenaccord unterwärts ein neuer Ton, in der Entfernung einer Terz, hinzugefüget wird. Wenn man z. E. dem Septimenaccorde g h d f, den Ton e unterwärts hinzuthut: so entsteht der aus der Terz, Quinte, Septime und None bestehende Nonensatz e g h d f.

§. 30.

In dem gewöhnlichen Accompagnement bleibt allezeit ein Ton aus dem Nonensatze weg, und wird er nur allezeit vierstimmig ausgeübet. Der wegbleibende Ton ist entweder die Septime, Quinte oder Terz, nachdem es die Umstände geben.

§. 31.

Obgleich die None auf den Tasten der Secunde gegriffen wird: so muß dennoch zwischen beyden ein Unterschied gemachet werden, weil sie auf verschiedene Art begleitet, und anders präpariret und resolviret werden, wie die Folge zeigen wird.

Vierter Absatz.
Von den Undecimenaccorden.

§. 32.

Der Undecimenaccord entsteht, wenn einem Septimenaccord unterwärts ein neuer Ton, in der Entfernung einer Quinte, hinzugefüget wird. Wenn man z. E. dem Septimenaccorde g h d f, den Ton c unter-

I. Hauptstück. Zweytes Capitel.

unterwärts hinzuthut: so entsteht der aus der Quinte, Septime, None und Undecime bestehende Undecimensatz c g h d f. Die Undecime ist eine Dißonanz.

§. 33.

In dem gewöhnlichen Accompagnement bleibt allezeit ein Ton aus dem Undecimenaccorde weg, ja oft ihrer zween. Wenn die Septime und None ausgelaßen werden, und nichts als die Undecime und Quinte übrig bleibt: so wird er insgemein Quintquartenaccord genennet; z. E. c g f. Wenn der Quintquartenaccord umgekehrt, und die Quarte in den Baß gestellet wird: so entsteht ein aus der Quinte und Secunde bestehender Quintsecundenaccord, z. E. f g c.

§. 34.

Ob die Undecime gleich auf den Tasten der Quarte gegriffen wird: so muß dennoch zwischen beyden ein Unterscheid gemacht werden, weil sie auf verschiedne Art begleitet werden, und auch sonsten in ihrem Tractamente unterschieden sind.

Fünfter Abſatz.
Vom Terzdecimenaccord.

§. 35.

Der Terzdecimenaccord entsteht, wenn einem Septimenaccorde unterwärts ein neuer Ton, in der Entfernung einer Septime, hinzugefüget wird. Wenn man z. E. dem verminderten Septimensatze gis h d f. den Ton a unterwärts hinzuthut: so entsteht der aus der Septime, None, Undecime und Terzdecime bestehende Terzdecimensatz a gis h d f.

§. 36.

In dem gewöhnlichen Accompagnement bleibt allezeit ein Ton aus dem Terzdecimenaccorde weg, nemlich entweder die Septime, oder die None, oder die Undecime.

§. 37.

Ob die Tenderime gleich auf den Tasten der Serte gegriffen wird, so muß dennoch zwischen beyden ein Unterscheid gemacht werden, weil sie sowohl in der Begleitung, als im Tractamente unterschieden sind. Alles dieses wird in der Folge deutlicher werden.

Drittes Capitel.
Von der Fortschreitung der Consonanzen.

§. 38.

Die Consonanzen sind, wie schon gesagt, zweyerley, entweder vollkommen, oder unvollkommen; und die Fortschreitung der Consonanzen ist auf viererley Art möglich, als

1) in gerader oder ähnlicher Bewegung, wenn zwo Stimmen zugleich auf- oder absteigen, z. E.

```
e f g | g f e
c d e | e d c
```

2) in der Gegen- ungeraden oder unähnlichen Bewegung, wenn eine Stimme hinauf, und die andere heruntergehet, z. E.

```
c d e | e d c
e d c | c d e
```

3) in der Seiten- oder vermischten Bewegung, wenn eine Stimme stehen bleibet, oder wiederhohlt wird, und die andere fortgehet, z. E.

```
e g c̄ | c̄ g e
c c c  | c  c c
```

4) in der parallel Bewegung, wenn sich die Stimmen nicht von ihrer Stuffe fortbewegen, sondern auf selbige wiederhohlt werden, z. E.

```
g g | a a
e e | c c
```

§. 39.

I. Hauptstück. Drittes Capitel.

§. 39.

Die Regeln der Fortschreitung sind:

Regula I.) Von einer vollkommnen Consonanz zu einer andern vollkommnen muß man entweder durch die Gegen- oder Seitenbewegung gehen. Hieraus folget,

    α) daß man nicht zwo Octaven (*) hintereinander in gerader Bewegung setzen darf, z. E.

        f g
        f g

    β) daß man nicht zwo Quinten (*) hintereinander in gerader Bewegung setzen darf, z. E.

        g a c
        c d f

Regula II.) Von einer vollkommnen Consonanz (d. i. von einer Octave oder Quinte,) zu einer unvollkommnen, (d. i. zu einer Terz oder Sexta,) kann man durch alle Bewegungen gehen.

Regula III.) Von einer unvollkommnen Consonanz zu einer vollkommnen, muß man durch die Gegen- oder Seitenbewegung gehen.

Regula IV.) Von einer unvollkommnen Consonanz zu einer andern unvollkommnen geht man durch alle Bewegungen.

Viertes

(*) Wenn man schlechtweg Octave oder Quinte sagt, so versteht man allezeit die vollkommnen Intervallen dieses Nahmens. Dieses gilt auch von der Quarte.

Viertes Capitel.
Von der Fortschreitung der Dißonanzen.

§. 40.

Die Dißonanzen werden auf dreyerley Art in der Music gebraucht, erstlich als durchgehende Noten, z. E.

$$\begin{array}{c|c|cc} e\ f & g\ f & e \\ c & h & c \end{array} \quad \text{Fig. a.}$$

zweytens als Wechselnoten, z. E.

$$\begin{array}{c|cccc} g & f\ e\ d\ c \\ h & c\ \ \ e \end{array} \quad \text{Fig. b.}$$

drittens in Rückungen, z. E.

$$\begin{array}{c|cc} c & c\ h \\ c & d\ g \end{array} \quad \text{Fig. c.}$$

§. 41.

Wenn zu ebendemselben Accorde zwo verschiedne Noten gemachet werden: so ist entweder nur die erste, oder die andere in dem Accorde enthalten. Wenn die erste darinnen enthalten ist, so wird die zweyte, die in den Nachschlag fällt, eine durchgehende Note genennet. Wenn die zweyte darinnen enthalten ist, die erste aber nicht: so wird diese erstere eine Wechselnote genennet. Zum Exempel

$$\begin{array}{ccc|c} c & c & h \\ g & g & g \\ e & e & d \\ c\ d & e\ f & g \end{array} \quad \text{Fig. d.}$$

Hier sind die Noten d und f im Baß durchgehende Noten.

ferner

I. Hauptstück. Viertes Capitel.

ferner

```
h | c   e   | d
g | g   c   | h   Fig. e.
d | e   g   | g
g | f e d c | g
```

Hier sind die Noten f und d Wechselnoten.

§. 42.

Bey dem Gebrauch der Dissonanzen in Rückungen sind dreyerley Dinge zu beobachten, als:

1) die Vorbereitung,
2) der Anschlag, und
3) die Auflösung.

§. 43.

Die Vorbereitung einer Dissonanz besteht darinnen, daß man den dissonirenden Theil des Intervalls vor dem würklichen Anschlage, als Consonanz vorhergehen läßt. Die Auflösung aber besteht darinnen, daß man den dissonirenden Theil des Intervalls, nach geschehenem Anschlage, eine Stuffe über oder unter sich, und zwar in eine Consonanz gehen läßt. Die Vorbereitung geschieht in einem geraden Tacttheile; der Anschlag in einem ungeraden, und die Auflösung wiederum in einem geraden Tacttheile, z. E.

```
c | c h
c | d g   Fig. c.
```

Die hier vorkommende Dissonanz ist die Septime d c. Der dissonirende Theil ist die oberste Note c. Dieses c wird schon in dem vorhergehenden Tact, im letzten Tacttheile, als Octave und also als Consonanz gehöret. Das ist die Vorbereitung der im folgenden Tact, auf dem ersten oder dem ungeraden Tacttheile, anschlagenden Septime, die in dem folgenden geraden Tacttheile, über der Baßnote g, auf den Ton h herunter steigt, und also in eine Terz aufgelöset wird.

I. Hauptstück. Viertes Capitel.

§. 44.

Die Lehre von der Vorbereitung und Auflösung der Dißonanzen kurz zu fassen, merke man überhaupt,

1) daß bey der Septime, None, Quarte, Undecime und Terzdecime, der oberste Theil des Intervalls dißonirt, und zur Auflösung einen Grad unter sich gehen muß; ausgenommen die große Septime, wenn sie eine None, Quarte oder kleine Sexte, (das ist die Undecime oder kleine Terzdecime) bey sich hat, in welchem Falle sie zur ordentlichen Auflösung einen Grad über sich steigt.

2) daß bey der Secunde der unterste Theil des Intervalls dißonirt, und zur Auflösung einen Grad unter sich geht.

3) daß bey der falschen oder verminderten Quinte der oberste Theil dißonirt, und ordentlicher Weise einen Grad unter sich gehen muß.

4) daß bey der übermäßigen Quarte der unterste Theil dißonirt, und ordentlicher Weise einen Grad unter sich gehen muß.

5) daß jede Vorbereitung und Auflösung entweder mit einer vollkommnen oder unvollkommnen Consonanz geschehen muß.

6) daß, obgleich gewiße Dißonanzen, z. E. die kleine Septime über der Quinta Toni, ingleichen die verminderte Quinte, und ihre Replike die übermäßige Quarte, im galanten Styl unvorbereitet angeschlagen werden können, selbige dennoch allezeit ohne Ausnahme aufgelöset werden müßen.

7) daß sich im galanten Styl eine Dißonanz zwar in eine andere auflösen kann; daß aber dieses Verfahren in einer gewißen Figur seinen Grund hat, die weiter unten wird erkläret werden.

§. 45.

Was in Ansehung gewißer anderer Dißonanzen, die allhier übergangen sind, erinnert werden kann, wird alles gelegentlich vorkommen. Ich will

will den Anfänger nicht mit zu vielen Regeln und Sätzen auf einmahl überhäufen; sondern die Praxin des Accompagnements selber zur Hand nehmen, und alles nöthige an einem andern Orte beybringen.

Fünftes Capitel.
Zur Uebung des großen harmonischen Dreyklangs, und der davon abstammenden Sätze.

§. 46.

Das erste, was ein Schüler des Accompagnements zu thun hat, ist, daß er sich den harten Dreyklang, und die daher abstammenden Sätze, nemlich den Sexten- und Sextquartenaccord in allen zwölf Tönen, gleich bekannt mache, um ihn hurtig finden zu können. Hierzu kann folgendes Exempel dienen:

```
c    c    c    h    c
g    g    g    g    g    Fig. 1.
e    e    e    d    e
c    e    g    g    c
```

§. 47.

Man wird bemerket haben, daß in dem vorhergehenden Exempel, in dem Acorde c e g c die Octave oben, die Quinte im Alt, und die Terz im Tenor steht; und daß, bey Veränderung des Baßes, alle drey obere Stimmen ihre unverrückte Lage behalten. Man versetze, nach der Ordnung der Quintenprogreßion, auf eine ähnliche Art dieses Exempel, als:

```
g    g    g    fis   g
d    d    d    d     d
h    h    h    h     h
g    h    d    d     g
```

Ingleichen

```
d    d    d    cis   d
a    a    a    a     a
fis  fis  fis  e     fis
d    fis  a    a     d
```

I. Hauptstück. Fünftes Capitel.

ingleichen

a	a	a	gis	a
e	e	e	e	e
cis	cis	cis	h	cis
a	cis	e	e	a

und so weiter erst nach der Ordnung der Kreuze, und hernach nach der Ordnung der Been.

§. 48.

Wenn diese Art der Lage der Accorde gnugsam begriffen ist: so stelle man auf folgende Art die Terz oben, die Octave in den Alt, und die Quinte in den Tenor, als:

e	e	e	d	e
c	c	c	h	c
g	g	g	g	g
c	e	g	g	c

ferner

h	h	h	a	h
g	g	g	fis	g
d	d	d	d	d
g	h	d	d	g

ingleichen

fis	fis	fis	e	fis
d	d	d	cis	d
a	a	a	a	a
d	fis	a	a	d

und so weiter.

§. 49.

Endlich bringe man die Quinte oben, die Terz in den Alt, und die Octave in den Tenor, als:

g	g	g	g	g
e	e	e	d	e
c	c	c	h	c
c	e	g	g	c

ferner

I. Hauptstück. Fünftes Capitel.

ferner

d	d	d	d	d
h	h	h	a	h
g	g	g	fis	g
g	h	d	d	g

ingleichen

a	a	a	a	a
fis	fis	fis	e	fis
d	d	d	cis	d
d	fis	a	a	d

und so weiter.

§. 50.

Das sind nunmehro alle drey mögliche Lagen, deren der mit der Octave vermehrte harmonische Dreyklang in dem gemeinen Clavieraccompagnement fähig ist. Einmahl steht die Octave oben, einmahl die Terz, und einmahl die Quinte. Der Schüler des Generalbaßes muß sich alle drey Lagen gleich geläufig machen.

Sechstes Capitel.
Zur Uebung des kleinen harmonischen Dreyklangs, und der davon abstammenden Sätze.

§. 51.

Die Uebung mit dem kleinen harmonischen Dreyklang wird auf eben die Art, als mit dem großen vorgenommen, in allen zwölf Tönen, nach Anleitung des folgenden Schematis:

a	a	a	gis	a
e	e	e	e	e
c	c	c	h	c
a	c	e	e	a

Fig. 8.

I. Hauptstück. Sechstes Capitel.

ferner.

e	ie	e	dis	e
h	h	h	h	h
g	g	g	fis	g
e	g	h	h	e

ingleichen

h	h	h	ais	h
fis	fis	fis	fis	fis
d	d	d	cis	d
h	d	fis	fis	h

und so weiter.

Siebentes Capitel.
Zur Uebung in vermischten Dreyklängen.

§. 52.

Erstes Exempel.

e	c	d	h	h	c	c	h
c	a	a	g	g	a	a	g
g	f	f	d	e	e	f	d
c	f	d	g	e	a	f	g

Fig. h.

oder in folgender Lage:

c	a	a	g	g	e	f	d
g	f	f	d	e	c	c	h
e	c	d	h	h	a	a	g
c	f	d	g	e	a	f	g

oder in dieser:

g	f	f	d	e	c	c	h
e	c	d	h	h	a	a	g
c	a	a	g	g	e	f	d
c	f	d	g	e	a	f	g

Dieses

I. Hauptstück. Siebentes Capitel.

Dieses Exempel muß nun ebenfalls in alle zwölf Durtöne übersetzet werden; wobey es aber nicht nöthig ist, daß der Anfänger diese verzeichnete Lagen der Intervalle, von einem Accorde zum andern, just beybehalte. Es ist genug, wenn man ihn erinnert,

1) daß bald die Terz, bald die Quinte oder Octave den obersten Platz einnehmen soll.
2) daß er die Seiten- und Gegenbewegung so viel möglich in Acht nehmen soll.
3) daß man die Accorde so viel möglich dichte neben einander nehmen, und sich vor großen Sprüngen hüten muß.
4) daß der Einklang öfters die Stelle der Octave vertreten muß, wenn die Stimmen, und vermittelst derselben die Hände dichte aneinander gehen. Fig. i.
5) daß man sich vor der verbotnen Quinten- und Octavenfolge in Acht nehmen muß, z. E.

e	a	
c	f	Fig. k.
g	c	
c	f	

Dieses ist falsch, weil darinnen zwischen dem Alt und Baß die Octave c f, und zwischen dem Tenor und Baß die Quinte $\begin{Bmatrix} g & c \\ c & f \end{Bmatrix}$ stecket.

Zweytes Exempel.

e	f	d	e	c	d	h	c	
c	d	h	c	a	h	gis	a	
a	a	g	g	f	f	e	e	Fig. l.
a	d	g	c	f	h	e	a	

oder in folgender Lage.

c	d	h	c	a	h	gis	a
a	a	g	g	f	f	e	e
e	f	d	e	c	d	h	c
a	d	g	c	f	h	e	a

oder:

oder:

a	a	g	f	f	e	
e	f	d	e	d	h		c
c	d	b	c	a	h	gis	a
a	d	g	c	f	h	e	a

Dieses Exempel gehöret zur Transposition für alle zwölf weiche Töne. Man bemerket darinnen, außer dem weichen und harten Dreyklang, den weichen verminderten Dreyklang h d f auf der Secunda Toni. Um zu wissen, wo derselbe in den beyden Tonarten, der großen und kleinen Platz hat, darf man nur die Tonleitern, und die Beschaffenheit der darinnen enthaltnen Quinten untersuchen. Allenthalben nun, wo eine verminderte Quinte vorhanden ist, da findet der weiche verminderte Dreyklang Statt; als auf der Septima Toni majoris, z. E. auf h in C dur; ferner auf der Secunda Toni minoris, z. E. auf h in A mol; ferner auf der großen Sexte und großen Septime Toni minoris, als auf fis und gis in A mol. Die verminderte Quinte muß als eine Dissonanz allezeit aufgelöset werden, und zwar, wie schon oben gesagt ist, das obere Ende derselben unterwärts. Die Ausnahmen gehören nicht für Anfänger, sondern für geübtere.

Achtes Capitel.
Zur Uebung in vermischten Dreyklängen, Sexten- und Sextquartenaccorden.

§. 53.

Bey dieser Lection wird angemerket, daß man, um fehlerhafte Progressen zu vermeiden, im Dreyklange öfters die Terz; im Sextenaccorde aber bald die Serte, und bald die Terz verdoppeln muß, nachdem es die Lage der Töne giebt. Fehlerhafte Progressen sind

1) die verbotnen Quinten und Octaven.
2) der Sprung in alle übermäßige Intervallen, als in die übermäßige Secunde (f gis); in die übermäßige Quarte, (c fis), und in die übermäßige Quinte, (c gis) ꝛc. Statt deßen muß man

I. Hauptſtück. Achtes Capitel.

man in die Repliken dieſer Töne ſpringen, nemlich in die verminderte Septime, die verminderte Quinte, und verminderte Quarte ꝛc.

Erſtes Exempel.

```
e | g  e  d  c  e    c  h    a  c    a | g
c | d  c  h  a  h    a  gis  a  g  f   | e
g | g  g  g  e  e    e  e    c  c  c   | c  Fig. m.
c | h  c  g  a  gis  a  e    f  e  f   | c
```

oder in folgender Lage.

```
c | d  c  h  a  h    a  gis  a  g  f   | e
g | g  g  g  e  e    e  e    c  e  c   | c  Fig. n.
e | d  e  d  c  h  .c  h    a  c  a,  | g
c | h  c  g  a  gis  a  e    f  e  f   | c
```

oder

```
g | g  g  g  e  e    e  e    a  c    a | g
e | d  c  d  c  h  .c  gis  a  g  f   | e
c | d  c  h  c  e    e  e    c  c  c   | c  Fig. o.
c | h  c  g  a  gis  a  e    f  e  f   | c
```

Wenn man nicht die Terz oder Sexte in dem Sextenaccorde zu h, gleich zum Anfange, verdoppelte: ſo würden folgende garſtige Octaven entſtehen,

```
e d        g g
c h  oder: e d
g g        c h
c h        c h
```

und wenn man nicht die Terz a in dem Dreyklange f a c, in dem vierten Griffe vor dem Schluße, verdoppelte, ſondern folgendergeſtalt ſetzete:

```
h   a
gis f  NB.
e   c
c   f
```

ſo würde in dem Alt, zwiſchen gis f, ein verbotner unmelodiſcher Proceß zum Vorſchein kommen.

26   I. Hauptstück. Achtes Capitel.

Zweytes Exempel.

```
g   g   fis  g
e   d   c    h
c   g   a    d     Fig. p.
c   h   a    g
```

Man merke, daß bey dem vierten Griffe das Accompagnement getheilt ist. Ungetheilt hätte man entweder die Terz h verdoppeln, oder die Quinte d in den Alt stellen müssen, als

```
fis  g         fis  g
c    h         c    d
a    h   oder  a    h
a    g         a    g
```

Wenn oben gesagt worden ist, daß der untere Theil der übermäßigen Quarte dißoniret, und selbiger einen Grad unter sich aufgelöset werden muß; allhier aber im letzten Schemate, da die übermäßige Quarte fis c in die aufsteigende Quarte d g, und nicht in die Sexte h g verwandelt wird, wider die gegebene Regel verstoßen zu seyn scheinet: so ist zu merken, daß die gegebene Regel nur gilt, wenn die übermäßige Quarte gegen den Baß steht. Allhier aber findet sie sich in den Mittelstimmen.

Drittes Exempel.

Es findet sich oft, in einer stuffenweisen Baßprogreßion, eine ganze Reihe von Sextenaccorden hintereinander. Ob es nun gleich keine Mühe kostet, selbige vierstimmig zu accompagniren: so ist doch nicht nöthig, zumahl bey geschwinder Bewegung, solches allezeit zu thun; und es klinget alsdenn besser, nur zwo Stimmen mit der rechten Hand dagegen anzuschlagen, als:

```
g │ g  f  e  d  c  h
e │ d  c  h  a  g  e
c │ h  a  g  f  e  c
```

oder

I. Hauptſtück. Achtes Capitel. 27

oder aufſteigend:

g	a	h	c	c	h
d	e	c	g	a	d
h	c	d	e	f	g

Wer die Sätze vierſtimmig haben will, muß den Septenaccord wechſelsweiſe mit der Octave und der Sexte, oder Terz verdoppeln, als

g	g	f	e	d	c	h	c
e	d	c	h	a	g	f	g
c	g	a	e	f	c	d	e
c	h	a	g	f	e	d	c

Hier iſt die Octave und Sexte wechſelsweiſe verdoppelt worden. Man ſehe Fig. (q), wo bald die Terz, bald die Octave, und bald die Sexte verdoppelt wird. Für einen Anfänger iſt dieſes genug.

Viertes Exempel.

Man ſehe Fig. (f) und (g) zurück, und merke ſich das Tractament des Sextquartenaccords, in Abſicht auf die Quarte, die im Accompagnement allezeit einem Grad unter ſich gehen muß.

Neuntes Capitel.
Zur Uebung des Septimenaccords, und der davon abſtammenden Sätze.

§. 54.

Der Septimenaccord kann in allerley Arten von Harmonien aufgelöſet werden. Doch hierum braucht ſich der Accompagniſt, als Accompagniſt, nicht zu bekümmern. Die Harmonie, in welche er den Septimenaccord auflöſen ſoll, iſt ihm vorgeſchrieben, und er braucht auf nichts Acht zu haben, als der Septime des Satzes ihre gehörige Fortſchreitung zu geben. Man ſehe das Exempel bey Fig. r.

Die Septime c, die im zweyten Griffe erſcheint, wird durch die Octave c des erſten vorbereitet, und in die Terz h des dritten aufgelöſet. Währender Zeit, daß dieſe erſte Septime c d im zweyten Griffe anſchläget, wird in eben dieſem Satze eine im dritten Griffe anſchlagende, und in dem vierten Griffe in die Terz ſich auflöſende Septime f, durch die

28　　I. Hauptſtück. Neuntes Capitel.

Terz f, vorbereitet. Die Terz c im fünften Accord dient zur Vorbereitung der Septime c im ſechſten Griffe, welche im ſiebenten auf die Quinte h herabgeht. Es iſt annoch zu merken, daß im zweyten Griffe zur Verminderung zwoen Quinten, die Quinte a aus dem Septimenaccorde weggelaſſen, und dafür der Grundton mit der Octave verdoppelt iſt. Aus voriger Urſache iſt im ſiebenten Griffe die Terz g verdoppelt worden.

Zweytes Exempel.

Wer mit dem Septimenaccorde gehörig umzugehen weiß, der weiß auch mit den davon abſtammenden Sätzen umzugehen. Wie es nemlich mit der Septime gehalten wird, ſo muß es auch mit der Quinte im Sextquintenaccord; mit der Terz im Terzquartenaccord; und mit dem untern Ende der Secunde in dem Secundenaccord gehalten werden, wie man aus den Exempeln bey Fig. (f) ſehen wird.

Der Septimenaccord d f a c von No. 1. verwandelt ſich bey No. 2. in den Sextquintenaccord f d a c, deßen Quinte in dem folgenden Griffe auf das h, und alſo einen Grad heruntergeht. Bey No. 4. wird der nemliche Septimenaccord in den Secundenſatz c d f a verändert, worinnen der unterſte Theil der Secunde, nemlich der Baß, einen Grad abwärts geht. Der Septimenſatz g d f h von No. 1. wird bey No. 2. in einen Secundenaccord ungeformet. Der Baß, der die Dißonanz begreift, und die Septime des Grundaccords g h d f vorſtellet, geht einen Grad unter ſich. Bey No. 3. wird ebenderſelbe Satz in den Terzquartenaccord d f g h, und bey No. 4 in den Sextquintenaccord h d f g verändert. Der Ton f, der die Dißonanz enthält, wird allenthalben regelmäßig, oder legaliter, wie man zu ſprechen pflegt, aufgelöſet.

Zehntes Capitel.
Zur Uebung des Nonenaccords.

§. 55.

Man weiß, daß der Nonenaccord von dem Septimenaccorde abſtammet, wenn demſelben eine Terz unterwärts hinzugefüget wird. Da die None alſo die Septime desjenigen Accords, von welchem ſie herkömmt,

I. Hauptstück. Zehntes Capitel.

kömmt, vorstellet, so muß sie auch wie selbige vorbereitet und aufgelöset werden. Der Septimenaccord sey g h d f. Man setze die Terz e unter selbigen: so entstehet der Nonenaccord e g h d f. Der Ton f, der die None machet, folget der Progreßion des Tons f aus dem Septimensatze; und in Ansehung der zweyten Dißonanz im Nonenaccord, nemlich der Septime, allhier d: so ist bekannt, wie mit einer Septime verfahren werden muß. Man sehe Fig. (t).

Bey No. 1. ist die Grundharmonie der Sätze von No. 2. 3. 4. Da der Nonensatz bey No. 2. und 3. mit vierstimmig ausgeübt wird: so hat man dort die Quinte und hier die Septime weggelaßen. Bey No. 4. aber ist er vollständig. Die None f wird durch die Terz d, und die Septime d von No. 2. allenthalben durch die Octave d vorbereitet. Beyde resolviren überall abwärts.

Eilftes Capitel.
Zur Uebung des Undecimenaccords.
§. 56.

Da der Undecimenaccord von dem Septimensatze entspringet, wenn demselben eine Quinte unterwärts hinzugefüget wird: so erhält dadurch die Undecime, vulgo genannte Quarte, ein der Septime gänzlich ähnliches Tractament. Man sehe Fig. (u).

Bey No. 1. ist die Grundharmonie in Septimensätzen von den Undecimenaccorden bey No. 2. 3. und 4, wo man in jedem dritten Griffe den Undecimensatz findet, und zwar fünfstimmig bey No. 2 und vierstimmig bey No. 3 und 4 dort mit weggelaßener None, und hier mit weggelaßener Quinte. Die None in diesem Satze über der PrimaToni hat die Freyheit sowohl auf- als abwärts sich aufzulösen. Wenn man die Septime wegläßet, so gehet insgemein der Septimenaccord, oder ein durch die Umkehrung davon abstammender, vor dem Undecimensatze her, als:

	NB.			NB.	
f	f	e	e	e	d
d	d	c	a	a	a
g	g	g	g	g	f
h	c	c	cis	d	d

I. Hauptstück. Eilftes Capitel.

Zweytes Exempel.

Man sehe Fig. (v). Bey No. 1. findet man den Septimensatz d f (a) c, unter welchem die Quinte g gesetzet wird, um den bey No. 2. und 3. in jedem zweyten Griffe befindlichen verkürzten Undecimenaccord entspringen zu laßen. Bey No. 2. ist die None, und bey No. 3. sowohl die None, als Septime weggeblieben, und der Baß mit der Octave verdoppelt worden. Der bey No. 3. verkürzte Undecimensatz wird insgemein der Quintquartenaccord genennet.

Zwölftes Capitel.
Zur Uebung des Terzdecimenaccords auf der Prime Toni Minoris.

§. 57.

Der Terzdecimenaccord entspringet von dem Septimensatze, wenn demselben eine Septime unterwärts hinzugefügt wird, und behält das völlige Tractament des Septimenaccords. Man sehe Fig. (w).

Bey No. 1. ist der verminderte Septimenaccord gis h d f, der bey No. 2. zu dem Terzdecimensatze a gis h d f wird. Die Terzdecime f, vulgo Sexte, und die Undecime d lösen sich abwärts auf. Die None h kann sowohl auf- als abwärts gehen, nachdem es die Umstände erlauben.

Wenn der Terzdecimenaccord verkürzt gebraucht werden soll, so läßet man insgemein den Accord der Septime, von welchem er entspringet, vor ihm hergehen. Man sehe No. 4. und 5. wozu die Grundharmonie bey No. 3. vorläufig angeführt ist. Bey No. 4. ist die Septime, und bey No. 5. die None weggeblieben.

Dreyzehntes Capitel.
Zur Uebung in allerhand Arten von Accorden.
Erstes Exempel.
Welches das gewöhnliche Accompagnement der harten Tonleitern enthält.

Man sehe Fig. (x). Dieses Exempel muß in alle zwölf harte Töne transponirt, und dergestalt geübt werden, daß auf der Anfangsnote bald

I. Hauptstück. Dreyzehntes Capitel.

bald die Octave, bald die Quinte, und bald die Terz oben steht, und nach Proportion fortgefahren wird. Jeder Schüler des Generalbaßes muß dieses Exempel, in allen harten Tönen, schlechterdings aus dem Grunde inne haben.

Zweytes Exempel,
welches das gewöhnlichste Accompagnement der weichen Tonleitern enthält.

Man sehe Fig. (y). Hiemit wird wie mit dem ersten Exempel verfahren.

Drittes Exempel.
Zur Uebung des großen übermäßigen Dreyklangs, und des übermäßigen Sertenaccords.

Man sehe Fig. (z). Der harte übermäßige Dreyklang erscheint im vierten Griff c e gis, und der übermäßige Sertenaccord im siebenten. Die übermäßige Quinte gehet über sich, und die übermäßige Serte welche mit der verdoppelten Terz begleitet wird, ebenfalls. Man transponire dieses Exempel in alle Moltöne.

Viertes Exempel.
Es ist oben gesagt worden, daß wenn der sogenannte Quintquartenaccord umgekehrt wird, daraus ein Quintsecundensatz entsteht, und folgendes Exempel wird es beweisen.

	1.							2.		
c	c	h	c	e	g	g e	c	d	d	c
g	g	g	g	c	d	d c	g	g	g	g
e	d	d	e	g	g	g g	e	d	d	e
c	g	g	c	c	c	h c	c	c	h	c

                                    oder

Der Quintquartensatz kommt im zweyten Griffe, und der mit der Quinte verdoppelte Quintsecundensatz im sechsten Griffe bey (1) zum Vorschein. Bey (2) ist er mit dem obersten Theil der Secunde verdoppelt zu finden.

I. Hauptstück. Dreyzehntes Capitel.

Fünftes Exempel.
Welches den Unterscheid zwischen der übermäßigen Secunde, und der übermäßigen None begreiflich macht.

(1)				(2)		
d	d	d	c	d	d	c
a	h	h	a	h	h	a
a	gis	gis	e	gis	gis	e
f	f	f	a	e	f	a

Bey der übermäßigen Secunde geht der Baß abwärts, wie man bey No. 1. sieht; und bey der übermäßigen None bleibt der Baß, und der oberste Theil des Intervalls, allhier gis, geht eine Stuffe über sich.

Sechstes Exempel.

(1)
g	f f e e	d d c c	h c c h	c
e	d d c c	h h a a	g g f g	g
c	a g g f	f e e d	d e f f	e
c	c h h a	a g g f	f e d d	c
	2 $\frac{6}{5}$ 2 $\frac{6}{5}$	2 $\frac{6}{5}$ 2 $\frac{6}{5}$	2 6 7 7	3

ingleichen.

(2)
e	d d c c	h h a a	g g f f	e
c	c h h a	a g g f	f e d d	c
g	a g g f	f e e d	d c a g	g
c	f f e e	d d h c	h c c h	c
	$\frac{6}{5}$ 2 $\frac{6}{5}$ 2	$\frac{6}{5}$ 2 $\frac{6}{5}$ 2	$\frac{6}{5}$ 3 2 $\frac{6}{5}$	3

Bey No. 1. findet man eine abwechselnde Folge von Secunden- und Sextquintensätzen; und bey No. 2. von Sextquinten- und Secundensätzen. Der Ursprung beyder Exempel, ist folgender Grundbaß, mit steigenden Quarten und fallenden Quinten.

	7 7 7 7	7 7 7 7	7 3 7 7	3
c	d g c f	h e a d	g c d g	c

Diese Sätze muß man sich in allen Tönen geläufig machen.

Zweytes Hauptstück.
Erstes Capitel.
Von der Bezifferung der Accorde.

§. 1.

Die Zeichen, deren man sich zur Bemerkung der Accorde bedienet, sind 1) die einfachen Zahlen von eins bis neun; 2) die Versetzungszeichen, d. i. das Kreutz, das runde Be und das viereckigte Be; und 3) einige kleine Striche. Diese Zeichen werden insgemein Signaturen genennet.

§. 2.

Die beyden Hauptgegenstände, worauf es bey Bezifferung eines Basses ankömmt, sind die Bequemlichkeit, und Richtigkeit. Ein Generalbaß wird alsdenn bequem zu spielen seyn, wenn alle Accorde mit so wenig Ziffern, als möglich, vorgestellet werden. Richtig ist er, wenn die von einander zu unterscheidenden Accorde durch zulängliche Zeichen dergestalt bemerket sind, daß es unmöglich ist, bey Erblickung derselben einen Satz mit dem andern zu verwechseln.

§. 3.

Die Signaturen werden ordentlicher Weise über die Noten gesetzt. Man kann sie aber auch darunter schreiben, wenn oberwärts kein Platz dazu vorhanden ist.

§. 4.

Wenn ein Accord nicht durch eine Zahl allein bemerket werden kann: so nimmt man zwo, oder mehr Zahlen; und diese Zahlen werden übereinander, nicht aber neben einander gesetzt.

§. 5.

Wenn zu einer Note mehrere Accorde nach einander angeschlagen werden sollen: so setzt man die dazu gehörigen Signaturen neben einander.

Kunst d. Clav. zu spiel. 2. Theil.   E   §. 6.

II Hauptstück. Erstes Capitel.

§. 6.

Wenn eben derselbe Griff zu verschiedenen Noten hintereinander angeschlagen werden soll: so bedient man sich gerne eines Striches, um die verbleibende Harmonie zu bezeichnen, anstatt dieselbe durch veränderte Ziffern zu wiederhohlen.

§. 7.

Wenn der Anschlag der Harmonie auf eine Wechselnote fällt: so wird solches durch einen Queerstrich angezeiget, wie bey fig. 1.

§. 8.

Wenn ein Intervall in einer andern Proportion, als es der Notenplan giebt, genommen werden soll: so muß solches durch gehörige Signaturen bemerket werden, nemlich durch ein der Ziffer hinzugefügtes Versetzungszeichen. Bey der Terz allein pfleget man das Versetzungszeichen wegzulassen.

§. 9.

Der harte Dreyklang wird entweder mit einer 8, 5, 3, einem Kreuz oder viereckigten Be bezeichnet.

§. 10.

Der weiche Dreyklang wird entweder mit einer 8, 5, 3, einem runden oder viereckigten Be bezeichnet.

§. 11.

Der weiche verminderte Dreyklang kann mit einer 8 und 5, oder nach Telemannischer Art mit einer 5, und einem halben Bogen darüber, z. E. $\widehat{5}$, bemerket werden. Vielmahl ist die Bemerkung gar nicht nöthig.

§. 12.

Der harte übermäßige Dreyklang kann entweder mit einer 5, die ein Kreuz oder viereckigtes Be neben sich hat, oder mit einem Queerstrich durch die 5 angezeiget werden.

§. 13.

Jeder Sertenaccord wird mit einer 6; und jeder Sextquartenaccord mit einer 6 und 4 angezeiget.

§. 14.

Die Signatur des Septimenaccords ist eine 7; des Sextquintenaccords 6 und 5; des Terzquartenaccords eine 4 und 3; und des Secundenaccords eine 2.

§. 15.

§. 15.

Der Nonenaccord, wenn nichts als die Quinte oder Terz zur None gegriffen werden soll, wird mit einer bloßen 9 bezeichnet. Soll aber die Septime anstatt der Quinte dazu genommen werden: so schreibt man eine 9 und 7 übereinander.

§. 16.

Der Quintquartenaccord wird mit einer 5 und 4 bezeichnet; und der Quintsecundenaccord mit 5 und 2. Wenn die None mit der Quarte; oder die Septime mit der Quarte verbunden werden soll: so schreibt man im ersten Fall eine 9 und 4 über einander; und im andern eine 7 und 4.

§. 17.

Der Terzdecimenaccord auf Prima Toni wird mit einer großen 7, kleinen 6 und 4 bemerket.

§. 18.

Wenn in einem Accorde ein Ton, wider die Vorschrift des Notenplans, um einen kleinen halben Ton erhöht oder erniedrigt werden soll, und dieser Ton nicht in der Hauptsignatur des Accords begriffen ist: so muß man diese Signatur mit einer Signatur vermehren, und alsdenn verfahren, wie im §. 8. gelehrt worden ist. Zum Exempel wenn in einem aus dem C dur gehenden Stücke, ins G dur ausgewichen wird, und zur Note a der Terzquartenaccord a c d fis, gemacht werden soll: so muß zur Signatur 4 und 3, die den Terzquartenaccord anzeigt, annoch eine 6 mit einem Kreutze an der Seite hinzugefüget werden; und so, in andern ähnlichen Fällen.

Zweytes Capitel.

Welches allerhand vermischte Anmerkungen enthält.

§. 19.

An Oertern, wo alle Stimmen in Einklängen oder Octaven fortgehen, muß der Accompagnist keine Accorde anschlagen, sondern entweder den Baß mit der linken Hand allein spielen, oder selbigen mit der rechten verdoppeln. Finden sich an dergleichen Oertern Ziffern

fern über dem Baße: so ist solches ein Zeichen, daß der Componist nicht gewußt, was er gemacht hat, und ein Zeichen seiner schlechten Einsichten.

§. 20.

Wo *tasto solo* steht, werden ebenfals keine Accorde gegriffen, sondern man schlägt den Baß allein an; und erneuert den Anschlag von Zeit zu Zeit, wenn sich der Ton zu verliehren anfängt.

§. 21.

Man muß die Accorde so viel möglich neben einander nehmen, und nicht mit der rechten Hand bald hier, bald dorthin springen.

§. 22.

Wenn man die Lage der rechten Hand verändern will, fals solche zu hoch hinauf, oder zu tief herunter gerathen: so muß solches nach einem consonirenden Satze geschehen.

§. 23.

Alle Accorde müssen ohne die geringste Künstley, ohne Lauffer und Brechungen ꝛc. angeschlagen werden. Triller und Mordenten mit der rechten Hand ꝛc. fallen gänzlich weg. Das Recitativ leidet im Punct der Brechungen hin und wieder eine Ausnahme.

§. 24.

Die rechte Hand muß nicht tiefer als bis ins kleine e, und nicht höher als bis ins zweygestrichne g ordentlicher Weise kommen.

§. 25.

Man hat die Regel, daß das Accompagnement nicht über die Hauptstimme, die man accompagniret, wegsteigen soll. Es kann aber selbige nicht in allen Fällen beobachtet werden.

§. 26.

Mit der Stärke und Schwäche des Anschlags, oder dem Forte und und Piano, muß sich der Accompagnist nach dem Spieler der Hauptstimme richten.

§. 27.

Die Regel ist, daß man allezeit vierstimmig accompagniren muß. Indessen thut in mehr als einem Falle ein drey- ja öfters zweystimmiges Accompagnement eine beßere Wirkung, als das vierstimmige. Doch um
diese

II Hauptstück. Zweytes Capitel.

diese Fälle zu beurtheilen, muß man sich schon lange Zeit im Accompagniren geübt, und seinen Geschmack gebildet haben. Es darf sich also kein Anfänger mit dem wenigerstimmigen Accompagnement abgeben, und selbiger muß in dem vierstimmigen aufs strengste geübet werden. Es ist gewissermaßen leichter, ohne Beleidigung der harmonischen Regeln eine Stimme wegzulassen, als eine zuzuthun.

§. 28.

Alle Consonanzen können verdoppelt werden; aber keine Dissonanz, weil ein häßlicher Mislaut, und bey der Resolution Octaven entstehen würden.

§. 29.

Das vierstimmige Accompagnement wird dadurch nicht aufgehoben, wann bey der Verdoppelung eines Intervalls nur drey wirkliche Töne auf dem Claviere zum Gehöre kommen, z. E.

```
e  d          c  c            c  h
c  d   oder   b  e  ingleichen a  g
g  g          g  f            h  g
c  h          e  f            d  e
```

Ich supponire, daß in dem zweyten und dritten Exempel die Hände nahe an einander gerathen sind, und die Töne f f und g g im Einklange, und nicht in der Octave, gegriffen werden. Man lasse die Partien singen: so wird man alle vier Stimmen hören. Auf dem Clavier ist es nicht möglich selbige anders zu haben.

§. 30.

Ein Accompagnist muß nicht allein den Baßschlüssel kennen, sondern sich auch den Alt- und Tenorschlüssel geläufig machen.

§. 31.

So viele Haupttheile in einem Tact vorkommen, so viele Griffe müssen ordentlicher Weise in selbigem gemacht werden, und diese Griffe werden sogleich zum Anfang eines jeden Haupttheils angeschlagen. Also gehören z. E. in den Raum eines Viervierteltacts vier Griffe, als:

```
e  e  f  f  | e  e  d  d  | e
c  c  d  d  | d  c  c  h  | c     fig. 2.
g  g  a  g  | g  g  a  g  | g
e  c  a  h  | c  c  f  g  | c
```

II Hauptstück. Zweytes Capitel.

In den Raum eines Zweyzweytheil- und Zweyviertheiltacts gehören zween Griffe, als:

e e	f f	e e	d d	e
c c	d d	d c	c h	c
g g	a g	g g	a g	g
c c	c h	c e	f g	c

In den Raum des langsamen Dreyviertheil- und Dreyachttheiltacts gehören drey Griffe, als:

e e g	e d c	d c h	c
c c d	c h a	a g g	g
g g g	g g e	f e d	e
c c h	c g a	f g g	c

§. 32.

Die vorige Regel bleibt, wenn auch gleich die Haupttheile eines Tacts in kleinere Noten zergliedert werden, woferne der Componist nicht zu jeder kleinern Note einen besondern Griff verlangt. Dieses letztere ist aus den darüber gesetzten Ziffern zu erkennen. Im erstern Falle kann im Viervierttheiltact ein Vierttheil entweder in zwey Achttheile, oder in vier Sechzehntheile ꝛc. verwandelt werden. Alsdenn wird der Griff auf jedem ersten Achttheile, oder jedem ersten Sechzehntheile ꝛc. angeschlagen, und zu den andern Baßnoten wird mit der rechten Hand nichts gemacht. Zum Exempel will ich die Aufgabe bey fig. 3. da der Baß in folgenden Viertheilen fortgeht,

   c e g g   fig. 3.

auf folgende Art mit Nebennoten in Achttheilen durchflechten:

   c d e f g f g g   fig. 4.

Hier wird zu dem ersten, dritten, fünften, und siebenden Achttheile mit der rechten Hand angeschlagen, und die andern Achttheile werden übergangen. Eben dieses Exempel mit Sechzehntheilen:

   c h c d e d e f g f g a g f g g   fig. 5.

Hier wird zu dem ersten, fünften, neunten und dreyzehnten Sechzehntheile angeschlagen.

§. 33.

II Hauptstück. Zweytes Capitel.

§. 33.

Wenn anstatt der Hauptnote, eine Wechselnote auf den Anfang eines Tacttheils fällt: so wird der Accord auf dieser Wechselnote angeschlagen, z. E.

```
e | f g | e   e | a   c
c | d d | a   h | f   g       fig. 6.
g | a g | e   g |
c | c h a g | g f | f e d c cet.
```

Wechselnoten sind allhier die dritten Achttheile in jedem Tact, als a, f und d.

§. 34.

Im geschwindern Dreyviertheil- und Dreyachttheiltacte werden insgemein nur zween Griffe gemacht, wofern nicht mehrere vorgeschrieben sind. Diese beyden Griffe werden ordentlicher Weise auf dem ersten und dritten Haupttheile gemacht.

Exempel.

```
e   e | f   f | e   e | d
c   c | d   d | d   c | h      fig. 7.
g   g | g   g | g   g | g
c   c | h a h | c h c | g
```

§. 35.

Eine Triole wird mit einem Griff abgefertigt, wenn nicht mehrere verlangt werden; und der Griff wird zur ersten Note angegeben.

§. 36.

Wenn zween oder mehrere Tacttheile in eine lange Note von proportionirtem Wehrte zusammengezogen werden: so muß man sich mit dem Griffe ebenfals darnach richten, und nicht eher mit der rechten Hand einen Accord machen, ehe nicht eine neue Note solches verlanget, z. E. im Dreyviertheiltheiltact.

```
c   h   c   c   h   c
g   g   g   a   g   g   g      fig. 8.
e   f   e   d   d   d
c   d   c   f   g   g   c
```

Oder:

II Hauptſtück. Drittes Capitel.

Oder:

```
c  h  | c  a  | c  h  | c
g  g  | g  a  | g  g  | g     fig. 9.
e  f  | e  d  | d  d  | e
c  d —| c  f —| g  g —| c
```

Exempel, wo drey Griffe in einem Dreyviertheiltacte vorkommen, ſehe man bey fig. 10.

§. 37.

Da der Sechsachttheiltact aus dem Zweyviertheil, und der Neunachttheil aus dem Dreyviertheiltact entſteht, wenn jeder Tacttheil um die Hälfte vermehrt wird: ſo gehören zum Sechsachttheil nur zween Griffe, und drey zum Neunachttheil, wenn nicht mehrere vorgeſchrieben ſind.

Drittes Capitel.
Von der Aufhaltung der Auflöſung; und der Verſetzung der Harmonie vor der Auflöſung.

§. 38.

Die Auflöſung einer Diſſonanz wird aufgehalten, wenn die Diſſonanz auf ihrer Stuffe ſtehen bleibt, und auf ſelbiger in ein anderes Intervall verwandelt wird, ehe man ſie, ihrer Natur zu Folge, unter oder über ſich gehen läßt, z. E.

```
e  | h  c  c  h  | c
g  | g  g  g  g  | g
e  | d  e  f  d  | e
c  | g  g  f  g  | c
```

Hier wird die Quarte g c aus dem Septquartenaccord g c e in die Quinte f c verwandelt, bevor ſie aus dem Griffe g d g h ihre Auflöſung bekömmt.

§. 39.

Wenn man aus einem umgekehrten diſſonirenden Satze in einen andern umgekehrten, oder von dieſen in ſeinen Stammaccord, oder von dem

II Hauptstück. Viertes Capitel.

dem Stammaccord in einen umgekehrten geht: so heißt dieses die Harmonie vor der Auflösung versetzen, z. E.

```
f   f   e
d   d   c
h   g   g
g   h   c
```

Hier wird der Septimenaccord zu einem Sextquintenaccorde, ehe die Auflösung geschicht.

Ferner

```
f   f   e
d   d   c
g   h   g
h   g   c
```

Hier wird der Sextquintenaccord in seinen Stammaccord verändert, ehe die Auflösung geschicht.

Ingleichen:

```
h   h   e
g   g   g
d   f   c
f   d   c
```

Hier wird der Secundenaccord zum Terzquartenaccorde, ehe die Auflösung erfolget.

Viertes Capitel.
Von dem unvorbereiteten Anschlage der Dissonanzen in der freyen Schreibart.

§. 39.

Der erste Fall, in welchem eine Dissonanz unvorbereitet zum Vorschein kömmt, ist wenn man eine Dissonanz in eine andere auflöset, z. E.

```
a │ e   g   f   e
f │ f   d   d   c       fig. 10.
e │ h   c   d   g
f │ g   a   h   c
```

Die None a resolvirt sich allhier in die Septime g, und diese Septime in die falsche Quinte f. Dieser Fall lässet sich am besten aus der Verbeissung oder Auslassung einer durchgehenden Note erklären, ob gleich sonst andere Erklärungen möglich sind. Um sich diese Auslassung begreiflich zu machen, sehe man folgendes Schema, worinnen die None in eine durchgehende Octave, und die Septime auf eine in den Nachschlag fallende Serte herabgehet, als:

```
   a    a  g  g  f
   f    f     e
   c    c  h     f
   f    g     g
```

Ein ander Exempel,

worinnen sich die Septime in eine übermäßige Quarte auflöset.

```
   c — c  h  c
       a  g  g
       f  d  e
       d  f  e
```

Zur Erklärung dieses Falls dient folgende Vorstellung:

```
   c — c  h  h  c
          a  g  g
       f     d  e
       d     f  e
```

Man applicire dieses auf ähnliche Fälle.

§. 40.

Der zweyte Fall, worinnen eine unvorbereitete Dissonanz erscheinet, ist, wenn man gerade weg aus einem consonirenden Accord in einen dissonirenden geht. Dieses aber geschicht nur hauptsächlich mit folgenden dissonirenden Sätzen, als:

1) mit dem kleinen Septimenaccord auf der Dominante in beyden Tonarten, z. E. mit g h d f in C dur, und e gis h d in A mol.

2) mit den davon abstammenden Sertquinten- Terzquarten- und Secundenaccorden.

3) mit

II Hauptstück. Viertes Capitel.

3) mit dem kleinen Septimenaccord auf der Septima Toni majoris, z. E. mit h d f a in C dur.
4) mit dem kleinen Septimenaccord auf der Secunda modi minoris, z. E. h d f a in A mol.
5) mit dem verminderten Septimenaccorde auf der großen Septima Toni minoris, als gis h d f in A mol, und den vermittelst der Umkehrung davon entstehenden Sätzen.
6) mit dem kleinen Nonenaccorde auf der Quinta Toni minoris bey liegendem Baße, z. E. e gis h d f auf e in A mol.
7) mit dem großen Nonenaccorde auf der Quinta Toni majoris bey liegendem Baße, z. E. g h d f a, auf g in C dur.

§. 41.

Ob diese Dissonanzen nun gleich unvorbereitet erscheinen können: so müssen sie doch gehörig aufgelöset werden. Der freye Anschlag entsteht indessen aus einer Setzfigur, die die Anticipation oder Vorausnahme einer durchgehenden Note heißet. So muß folgendes Exempel:

```
g  | fis f
e  | d   d   c
cis| c   h   b   cet.
a  | d   g   c
```

auf folgende Art verstanden werden:

```
a g | fis g   f   e
e   | d   c   h   c b
cis | a       g       g   cet.
a   | d       g       c
```

und eben so in ähnlichen Fällen.

§. 42.

Ich muß bey dieser Gelegenheit einer Septime gedenken, die die Erlaubniß hat ohne Auflösung durchzugehen. Der Anfänger braucht solche nur dreystimmig zu nehmen, als:

```
c c e | c
e f g | a
c d e | f
```

Ein Geübterer kann die Quarte dazu greifen, als:

```
c c c    a
g g g    f
e f e    c
c d c    f
```

oder die Quinte, als:

```
c c c    a
e f g    f
c g g    c
c d c    f    fig. 12.
```

Fünftes Capitel.
Vom Sitze gewisser Accorde.

§. 43.

Nach dem Accorde des Haupttons, der entweder dur oder mol ist, ist der Septimenaccord auf der Dominante, das ist, auf der Quinta Toni, der vornehmste Accord. Er besteht in beyden Tonarten aus der großen Terz, reinen Quinte und kleinen Septime, z. E. g h d f in C dur, und e gis h d in A mol. Der von ihm abstammende Sextquintenaccord, zum Exempel h d f g, wird vorzüglich der Accord der falschen Quinte, und der von ihm abstammende Secundensatz, z. E. f g h d, der Accord der übermäßigen Quarte genennet. Der Accord der falschen Quinte hat seinen Sitz auf der Septima Toni, und der von der übermäßigen Quarte auf der Quarta Toni.

§. 44.

Anstatt des Accords der falschen Quinte wird auf der Septima Toni majoris, ein aus dem weichen verminderten Dreyklange und einer kleinen Septime bestehender Septimenaccord, z. E. h d f a, auf h in C dur, öfters gebraucht. Auf der großen Septima Toni minoris hingegen bedient man sich zu eben diesem Behuf des verminderten Septimenaccords, z. E. gis h d f auf gis in A mol. Der davon abstammende übermäßige Secundenaccord, f gis h d, der nirgends als auf der Sexte einer weichen Tonart Platz hat, ist besonders merkwürdig.

§. 45.

II Hauptstück. Sechstes Capitel.

§. 45.

Es hätte gleich zum Anfange sollen gesagt werden, daß der weiche verminderte Dreyklang auf der Septima Toni majoris, und auf der Secunde, und der großen Sexte und großen Septime Toni minoris zu Hause ist.

§. 46.

Der Accord der übermäßigen Sexte hat seinen Sitz auf der kleinen Sexte Toni minoris.

§. 47.

Der aus der Quinte, Septime, None und Undecime (vulgo Quarte) bestehende Undecimenaccord, z. E. c g h d f, oder a e gis h d, gehört auf Primam Toni in beyden Tonarten.

§. 48.

Der aus der Septime, None, Undecime, und Terzdecime, (vulgo Sexte) bestehende Terzdecimenaccord, z. E. a gis h d f, gehört auf Primam Toni minoris.

Sechstes Capitel.
Von der Ausweichung aus einem Ton in den andern, oder der Modulation.

§. 49.

Jedes Stück ist in einem gewissen Ton, und in einer gewissen Tonart componirt, womit man anfängt, und schließt.

§. 50.

Wenn man in dem festgesetzten Ton und Modo angefangen, und einige Zeit darinnen verweilet hat: so erfordern die Gesetze der Mannigfaltigkeit, daß man den Ton verändert. Diese Veränderung des Tons kann in jeder Tonart auf fünferley Art geschehen.

§. 51.

Ist der Hauptton dur, zum Exempel C dur, so kann man ausweichen
   1) in Quintam Toni, allhier g dur.
   2) in Quartam Toni, allhier f dur.

3) in

3) in Sextam Toni, allhier a mol.
4) in Tertiam Toni, allhier e mol.
5) in Secundam Toni, allhier d mol.

Die Beschaffenheit der Tonart wird von der Beschaffenheit der Töne der Septen entschieden. So kann man z. E. aus C dur nicht in d dur ausweichen, weil d dur ein fis erfordert; in der Tonleiter c d e f g a h c aber kein fis enthalten ist. Die weitere Application auf die übrigen Tonarten, in welche man ausweichen kann, ist leicht zu machen. Was übrigens von C dur gilt, das gilt mit gehöriger Anwendung von G dur, D dur, u. s. w. kurz, von allen zwölf harten Tönen.

§. 52.

Ist der Hauptton mol, z. E. A mol, so kann man ausweichen

1) in Quintam Toni, allhier e mol.
2) in Quartam Toni, allhier d mol.
3) in Tertiam Toni, allhier c dur.
4) in Sextam Toni, allhier f dur.
5) in Septimam Toni, allhier g dur.

Man sieht, daß C dur und A mol einerley Ausweichungen haben; und eben so ist es mit G dur und E mol; imgleichen mit F dur und D mol u. s. w. bewandt.

§. 53.

Um aus einem Tone in den andern zu gehen, thut man am besten, wenn man den kleinen Septimenaccord desjenigen Tons, in welchen man gehen will, oder einen durch die Umkehrung davon abstammenden Satz voranschicket.

Erstes Exempel
aus C dur in G dur zu gehen.

c	c	c	h	c	c	a	h	c	c	h	
g	g	a	g	c	g	fis	g	g	fis	g	
e	e	d	d	e	e	d	d	e	e	d	fig. 12.
c	e	f	g	c	c	c	h	a	d	g	

Bis zum sechsten Griff ist die Modulation in C dur, von wannen sie sich vermittelst des übermäßigen Quartenaccords c d fis a, der von dem kleinen

Septi

II Hauptstück. Sechstes Capitel.   47

Septimenaccorde d fis a c abstammet, in den Ton G dur sinket. Man versetze dieses Exempel in G dur, um aus selbigem in D dur zu gehen, als

```
  h  h  a  a  | h  h  cis d | d  cis d
  g  g  g  fis| g  g  a  a  | g  g  fis
  d  d  e  d  | d  d  e  fis| g  e  d
  g  h  e  d  | g  g  g  fis| e  a  d
```

Man versetze es ferner in F dur, um in C dur auszuweichen, und so weiter in alle übrige harte Töne.

Zweytes Exempel
aus A mol ins E mol auszuweichen.

```
  e  f  e  | e  dis e | e  dis e
  c  c  h  | c  h  h  | c  h  h
  a  a  gis| a  fis g | a  fis g
  a  c  d  | a  a  g  | fis h  e
```

Die Harmonie bleibt allhier ebenfals bis zum sechsten Griff in A mol, und von dannen geht sie vermittelst des übermäßigen Quartenaccords a fis h dis ins E mol. Man transponire dieses Exempel in alle zwölf weiche Töne.

Drittes Exempel
aus C dur ins A mol zu gehen.

```
  e  |  f  f  e  e | d  d  c
  c  |  d  d  c  c | a  h  b   fig. 13.
  g  |  g  g  g  g | fis g  a
```

Bis zum fünften Griffe ist die Modulation in C dur. Bey dem sechsten scheinet sie, vermittelst des falschen Quintenaccords fis a c d, die Tonart G dur im Vorbeygehen zu berühren, ob dieser Accord gleich ebenfals in A mol möglich ist. Bey dem siebenten Griff entscheidet sich endlich selbige aufs deutlichste für A mol, durch den Accord gis e h d.

Viertes Exempel
aus A mol ins C dur zu gehen.

```
  e  e  e  | d  d  c | f  f
           | a  h  c | d  d       fig. 14.
  a  | a  gis a  a  | a  h  c
```

Bis

48　II Hauptstück. Sechstes Capitel.

Bis zum sechsten Griffe ist die Harmonie annoch in A mol. Dieser sechste Griff aber dient dazu, um den Weg nach C dur zu bahnen, indem vermittelst desselben der siebente Griff vorbereitet, und dadurch in diesen Ton ausgewichen wird.

Ich erinnere es allhier zum letztenmahle, daß ein fleißiger Scholar alle diese und folgenden Exempel in alle übrige Töne transponiren muß, wenn er Nutzen davon haben will.

Fünftes Exempel
aus C dur ins F dur zu gehen.

e	a	g	g	c	b	b	a
g	f	f	g	g	f	g	f
e	c	d	d	c	d	c	c
c	c	c	h	c	d	c	f

Man erkennet es sofort aus dem sechsten Griffe, daß sich die Modulation verändert. Aber der siebente entscheidet es erst, daß sie nach F dur hingeht.

Sechstes Exempel
aus A mol ins D mol zu gehen.

e	d	h	c	cis	d	e	f
a	h	gis	a	a	a	cis	d
e	f	e	e	e	f	g	a
a	d	e	a	g	f	e	d

Der fünfte Griff ist derjenige, vermittelst wessen die Modulation nach D mol hingeführt wird.

Siebentes Exempel
aus C dur ins E mol zu gehen.

e	d	d	e	e	dis	e
c	c	h	h	c	h	h
g	a	g	g	g	fis	fis	g
c	fd	gg	c	g	afis	hh	e

fig. 15.

Bey dem fünften Griff wird vermittelst des Sextenaccords g h e, in welchen der Dreyklang e g h umgeformt ist, angezeigt, in was für einen Ton man gehen will, und die Folge bestätigt die Modulation nach E mol.

Achtes

II Hauptstück. Sechstes Capitel. 49

Achtes Exempel
aus A mol ins F dur zu gehen.

e	d	d	c	c	h	h	c	c	b	b	a	a	g	g
a	h	h	a		a	gis	a	a	a	g	g	f	f	e
e	f	e		a	f	e		f	f	c	c	c	d	c
a	a	gis	a	c	d	e	a	c	d	e	f	a	b	f

Bey dem zehnten Griffe zeiget sich das erste Merkmahl, daß die Modulation verändert werden soll, und die Folge giebt es, daß sie sich nach F dur hinwendet.

Neuntes Exempel
aus C dur ins D mol zu gehen.

e	d	d	e	d	d	cis	d
e	c	h	e	e	b	a	a
g	a	g	g	a	e	e	f
a	fd	gg	c	f	g	a	d

Nach dem Einschnitt auf dem vierten Griffe, erscheint der Sextenaccord von der Mediante, oder der Terz des Moltons d, wohin sich vermittelst der folgenden Sätze die Modulation lenket.

Zehntes Exempel
aus A mol ins G dur zu gehen.

e	c	c	h	h	c	c	h	h	a	a	h
h	a	a	a	gis	a	a	a	g	g	fis	g
e	e	e	f	e	e	d	d	d	d	d	d
gis	a	c	d	e	a	fis	g	h	c	d	g

fig. 16.

Die Ausweichung ins G dur kündigt sich bey dem siebenten Griffe, durch den falschen Quintenaccord fs d c an.

§. 54.

Alle Cadenzen oder Schlußfälle sind entweder vollkommen, unvollkommen, oder unterbrochen.

§. 55.

Die vollkommene Cadenz geschieht in Absicht auf den Baß, aus der Quinte oder der Dominante in den Haupton, z. E.

II Hauptstück. Sechstes Capitel.

```
e | d d° c     c | c h c     c | c h c
c | c h g     g | g g g     g | g g f e
g | a g f e oder g | e d d e oder g | g d c c
c | f g   c     c | g g c     c | g g c
```

§. 56.

Die unvollkommene Cadenz geschicht in Absicht auf den Baß, entweder aus dem Hauptton, oder der Quarte in die Dominante, z. E.

```
c | h       c | c c h
g | g  oder g | g a g
e | d       e | e d d
c | g       c | c f (fis) g
```

Ingleichen aus der Sexte in die Dominante, in einer Moltonart, als:

```
c | e d e       gis | a a gis
h | a a h       e   | e dis e
gis| a a gis oder h | a a h
e  | f f e       e  | f f e
```

§. 57.

Eine unterbrochene Cadenz ist, wenn alle Anstalt zu einer vollkommenen Cadenz gemacht, und in dem Punct, da der Hauptton kommen sollte, die Harmonie in einen andern Satz gelenket wird, z. E.

NB.
```
c | e h cis d
g | g g a f
e | e d e  e cet.
c | g g g  f
```

ingleichen

NB.   **NB.**
```
c | c h c           c | c h a
g | g g f c         g | g g g f
e | e d d c cet. oder: e | e d d d cet.
c | g g a           c | g g d
```

Siebentes Capitel.
Vom getheilten Accompagnement.
§ 57.

Wenn der harmonische Dreyklang mit der Octave verdoppelt wird: so kann solcher auf sechserley Art gegen den Baß versetzet werden, als:

8	c	3	c	5	g
5	g	8	c	3	e
3	e	5	g	8	c
	c		c		c

Diese drey erstern Versetzungen werden die engern Versetzungen genennet, und auf selbigen beruht das gewöhnliche vierstimmige Clavieraccompagnement, da man mit der linken Hand den Baßton, und die drey andern Stimmen mit der rechten Hand nimmt. Nach diesen drey engern Versetzungen sind folgende drey weitere oder zerstreute Versetzungen zu merken, als:

3	c	5	g	8	c
5	g	8	c	3	e
8	c	3	e	5	g
	c		c		c

Aus diesen Zerstreuungen der Harmonie entspringt das getheilte Accompagnement.

§. 58.

So wie die Dreyklänge sowohl der engern als weitern Versetzung fähig sind: so sind es auch die daher entstehenden Sexten- und Sextquartenaccorde, als:

6	c	8	c	3	g	8	c	3	g	6	c
3	g	6	c	8	c	3	c	6	c	8	c
8	e	3	g	6	c	6	c	8	c	3	g
	c		c		c		c		c		c

und

4	c	6	c	8	g	6	c	8	g	4	c
8	g	4	c	6	c	8	g	4	c	6	c
6	c	8	g	4	c	4	c	6	c	8	g
	g		g		g		g		g		g

§. 59.

II Hauptstück. Siebentes Capitel.

§. 59.

Jeder Septimenaccord kann, nebst dem davon abstammenden Sextquinten- Terzquarten- und Secundenaccord ebenfals sechsmahl gegen den Baß versetzet werden. Ich gebe nur ein Exempel vom Septimenaccord, als:

```
7 c     3 fis    5 a    | 5 a    7 c     3 fis
5 a     7 c      3 fis  | 7 c    3 fis   5 a
3 fis   5 a      7 c    | 3 fis  5 a     7 c
  d       d        d    |   d      d       d
```

und so weiter.

§. 60.

Um den Unterschied zwischen dem gemeinen und getheilten Clavieraccompagnement desto begreiflicher zu machen, will ich erst ein kurzes Exempel von dem erstern hersetzen, und hernach dasselbe in das letztere umformen.

Exempel vom gemeinen Clavieraccompagnement.

```
e  | d   d  e  c  | h  h   c
c  | c   h  c  a  | a  gis a
g  | a   g  g  e  | f  e   e
e  | fd  gg c  c  | dh ee  a
```

Ebendasselbe im getheilten Accompagnement.

fig. 17.

E N D E.

TABVLA I.

TABVLA II.

TABVLA III.

TABVLA IV.